Inhalt

Evolutionsprinzip - der Druck der neuen Welt zwingt die IT zur Entwicklung von Business-Know-how

Kernthesen

Beitrag

Fallbeispiele

Weiterführende Literatur

Impressum

Evolutionsprinzip - der Druck der neuen Welt zwingt die IT zur Entwicklung von Business-Know-how

Harald Reil

Kernthesen

- Der Chief Information Officer alter Schule hat bald ausgedient. Gefragt sind in Zukunft CIOs, die neben technischem Verständnis auch Business-Kenntnisse mitbringen.
- In der Geschäftswelt des 21. Jahrhunderts wird effizientes Daten-Handling immer wichtiger. Jedoch gibt es noch kaum Firmen, die die Vielzahl ihrer Informationen auch

intelligent nutzen.
- Laut einer Studie der Universität Heilbronn stellen die Unternehmen aber zumindest schon die Weichen für eine funktionierende strategische Allianz zwischen Business und IT.
- Kritiker von Business-IT-Alignment denken jedoch schon einen Schritt weiter. Sie erwarten, dass die IT in Zukunft nicht nur verwertbare Daten liefert, sondern selbst Geschäftsideen kreiert.

Beitrag

Gesucht: Chief Information Officers mit Business-Know-how

Es wird nicht mehr lange dauern, und der Chief Information Officer (CIO) alter Schule wird von der Bildfläche verschwunden sein. Die Zeiten, in denen er und sein Team im Hintergrund arbeiteten und allein für die reibungslose Funktion der Unternehmens-IT verantwortlich waren, gehören schon bald der Vergangenheit an. Die neuen Realitäten, die in der Geschäftswelt herrschen und die veränderten Anforderungen, die sich daraus ergeben, haben den

CIO aus seinem Dornröschenschlaf wachgerüttelt und ihn gezwungen, aus seinem Schattendasein herauszutreten. Der kühle Technokrat, der ausschließlich darüber wachte, dass sich kein Sand ins Getriebe der Firmeninfrastruktur einnistete, muss sich plötzlich Wissen auf einem Gebiet aneignen, das für ihn früher nur von marginalem Interesse war. Der CIO neuer Schule braucht Business-Know-how, will er für sein Unternehmen interessant bleiben, weshalb Weiterbildungen, die diese Kenntnisse vermitteln, unter ITlern auch hoch im Kurs stehen. Denn das Zauberwort, das in den Firmen umgeht, heißt Business-IT-Alignment - oder die Aufgabe der IT, den Entscheidungsträgern Daten zu liefern, die sich für das Geschäft verwerten lassen. Allerdings ist es ein Zeichen unserer schnelllebigen Zeit, dass selbst diese Funktion des CIOs und seiner Mannschaft den Unternehmen schon bald nicht mehr zu genügen scheint. Kritiker des Business-IT-Alignment-Gedankens haben daher bereits den CIO des allerneuesten Typus aus der Taufe gehoben und ihn auch schon mit einem neuen Namen versehen. Statt CIO nennen sie ihn CBTO - oder Chief Business Technology Officer. Seine Aufgabe: Er beliefert sein Unternehmen nicht nur mit interessanten Daten, sondern generiert auf ihrer Basis auch selbst Geschäftsideen. (1), (2), (8)

Großes Problem - die intelligente Nutzung von Daten

Allerdings scheint es noch kaum Firmen zu geben, die die Datenflut, die sie täglich überschwemmt, wirklich nutzen oder sie überhaupt zu nutzen wissen. Das aber ist die grundlegende Voraussetzung für ein funktionierendes Business-IT-Alignment oder - weiter gedacht - für einen IT-basierten Ideengenerator. Gründe dafür sind unter anderem, dass die Informationen entweder nichts taugen oder mithilfe so unterschiedlicher Systeme erzeugt wurden, dass sie ein effizientes Daten-Handling erschweren oder einen ungeheuren Zeit- und Personaleinsatz verlangen, um sie überhaupt erst einmal auf Linie zu bringen. Viele CIOs schrecken davor noch zurück. Diesen Missstand können Unternehmen allerdings nicht länger hinnehmen, wollen sie gegen die Konkurrenz bestehen. Eine Studie des Beratungs- und IT-Dienstleistungsunternehmens Capgemini hat gezeigt, dass neben Arbeit, Kapital und Boden ein effizientes Daten-Management schon in nächster Zukunft eine der grundlegenden Voraussetzungen für erfolgreiche Geschäfte sein wird. Wie weit die Firmen davon jedoch noch entfernt sind, belegt eine großangelegte Untersuchung, die IBM veröffentlicht hat. Das Unternehmen befragte dazu immerhin 1 700 Entscheidungsträger in 64 Ländern. Paradigmatisch für das Gesamtergebnis ist die Aussage des Chefs eines US-amerikanischen Unternehmens der Konsumgüterindustrie, der zum Datenhandling seiner Firma sinngemäß Folgendes zu Protokoll gegeben hat: Sein Unternehmen generiere zwar eine riesige Menge an Informationen; verwertbar davon seien allerdings nur zehn Prozent, und selbst diese zehn Prozent würden nicht richtig genutzt. (3), (4), (6)

Effizienz lässt stark zu wünschen übrig

Abgesehen von dem nicht zu unterschätzenden Problem des effizienten Daten-Handlings sind die CIOs und mit ihnen ihre Teams aber wenigstens schon auf dem richtigen Weg, das Business zu unterstützen, auch wenn sie bisher erst nur wenige Schritte zurückgelegt haben. Das macht eine Studie deutlich, die der Lehrstuhl für Informatik und Betriebsorganisation der Universität Heilbronn veröffentlicht hat. Immerhin 70 Prozent der 55 befragten Chief Information Officers gaben an, dass sie ihre Rolle im Unternehmen mittlerweile auch als Impulsgeber und Berater interpretieren würden, sie sich von ihrem vorherigen alleinigen Fokus auf technische Fragen also bereits verabschiedet hätten. Sogar 98 Prozent der Befragten gaben zu Protokoll, dass ihre Unternehmen ein IT-Government implementiert hätten, welches die Beziehung zwischen Business und IT regeln würde. Allerdings stellten die Autoren der Studie fest, dass die Effizienz der jeweiligen IT-Governances in den meisten Fällen noch stark zu wünschen übrig lässt. Verbesserungsbedürftig seien außerdem die Beschäftigung mit den für den Geschäftserfolg wichtigen Kennzahlen und die Nachhaltigkeitskontrollen von initiierten Projekten. Was den letzten Punkt betrifft, gaben nur 22 Prozent der befragten CIOs an, dass sie ihre Erfolgskontrollen systematisiert hätten; 56 Prozent sagten, sie würden den Erfolg oder Nichterfolg von Projekten zumindest gelegentlich überprüfen. (7)

Trends

Zukunftsszenario: IT kämpft mit eigenen Ideen um den Endkunden

Glaubt man Peter Hinssen, Buchautor und Mitbegründer des im belgischen Gent ansässigen Beratungsunternehmens "Across Group", dann ist der Hype um IT-Business-Alignment allerdings kaum der Rede wert, da die IT künftig höhere Aufgaben wahrnehmen und nicht mehr nur den Wasserträger für die eigentlichen Entscheidungsträger spielen wird. Konkret: ITler werden selbst Ideen generieren und diese in Zusammenarbeit mit dem Marketing fortspinnen. Um dazu in der Lage zu sein, braucht der Informationsspezialist der Zukunft nicht nur substanzielles Business-Know-how, sondern auch eine gehörige Portion an Kreativität. Ähnlicher Ansicht ist auch George Colony, Chef des Marktforschungsunternehmens Forrester Research. Ihm zufolge hat der CIO alter Schule schon bald ausgedient, und auch das klassische Business-IT-Alignment muss neu interpretiert werden. Über kurz oder lang wird der Chief Information Officer von einem CBTO - Chief Business Technology Officer - ersetzt, der dafür sorgt, dass seine Truppe zum Beispiel mit Predictive-Analytics-Tools und eigenen Ideen an vorderster Front um den Endkunden kämpft. (1), (2)

Fallbeispiele

Sandvik geht Sonderweg

Die Firma Sandvik, die sich auf die Produktion von Maschinen für den Gesteinsabbau spezialisiert hat, geht einen Sonderweg, um zwischen Business und IT zu vermitteln. Die Begründung dafür lautet: IT und

Business sind und bleiben inkompatibel, ein klassisches Business-IT-Alignment muss daher ein Wunschtraum bleiben. Im Gegensatz dazu hat sich Sandvik für eine andere Lösung entschieden. Das Unternehmen fächert die IT in drei verschiedene Organisationseinheiten auf. Die erste ist zuständig für klassische operative IT-Aufgaben; die zweite nimmt eine Kontrollfunktion auf Konzernebene wahr; die dritte hingegen ist zwischen dem Business und der IT angesiedelt und hat mit technischen Problemen überhaupt nichts mehr zu schaffen. Die Abteilung setzt sich aus Mitgliedern zusammen, die fundiertes Business-Know-how mitbringen, sich aber auch so gut in der IT-Welt auskennen, dass sie dem eigentlichen IT-Team Aufträge aus der Geschäftswelt verständlich machen und mit ihm in dessen Sprache kommunizieren können. (5)

Bundesregierung schreibt Innovationspreis aus

Dass auch die Bundesregierung sieht, wie wichtig in Zukunft die Rolle der IT beim Anstoß neuer Businessideen sein wird, zeigt der Wettbewerb INNOVATIONSPREIS-IT 2012, den sie ausgeschrieben hat. Mit besonderem Blick auf den Mittelstand ist die IT dazu aufgefordert, Ideen zu entwickeln, die deutsche KMU konkurrenzfähig halten. (8)

Uni Osnabrück ruft Weiterbildungsprogramm für CIOs ins Leben

Auch die Universität Osnabrück hat auf die neuen Herausforderungen an CIOs und die IT reagiert und ein Weiterbildungsprogramm mit dem Namen IMUCON (Information und Consulting) ins Leben gerufen, das auf die Bedürfnisse moderner CIOs maßgeschneidert ist. Ziel ist es, den Chief Information Officer zu einem Chief Innovation Officer weiterzuentwickeln, der später dazu in der Lage sein wird, in einer strategischen Allianz mit anderen Business-Verantwortlichen, innovative Geschäftsmodelle auf den Weg zu bringen. (8)

Weiterführende Literatur

(1) CBTO = Chief Business Technology Officer
aus Computerwoche, 02.07.2012, Nr. 27

(2) "Ein Wort kann Wände einreißen"
aus Computerwoche, 02.07.2012, Nr. 27

(3) Daten-Management - komplex, aber wichtig
aus Computerwoche, 18.06.2012, Nr. 25

(4) CW-Kolumne Garbage in, Garbage out

aus Computerwoche, 18.06.2012, Nr. 25

(5) Alignment-Organisation zwischen IT und Business
aus Computerwoche, 26.03.2012, Nr. 13

(6) Agilität kommt nicht per Mausklick
aus "it&t-business" Nr. 06/2012 vom 01.06.2012 Seite: 25

(7) CIOs haben Defizite in Sachen Kennzahlen
aus Computerwoche, 16.01.2012, Nr. 03

(8) Zwischen Information und Innovation: CIO-Weiterbildungskonzepte im Wandel Ein Erfahrungsbericht aus dem Projekt IMUCON
aus Information Management & Consulting, Heft 02/2012, S. 48-56

Impressum

Evolutionsprinzip - der Druck der neuen Welt zwingt die IT zur Entwicklung von Business-Know-how

Bibliografische Information der deutschen Nationalbibliothek

Die Deutsche Nationalbibliothek verzeichnet diese Publikation in der deutschen Nationalbibliografie; detaillierte bibliografische Daten sind im Internet über http://dnb.d-nb.de abrufbar.

ISBN: 978-3-7379-1289-1

© 2015 GBI-Genios Deutsche Wirtschaftsdatenbank GmbH, Freischützstraße 96, 81927 München, www.genios.de

Alle Rechte vorbehalten. Dieses Werk ist einschließlich aller seiner Teile – z.B. Texte, Tabellen und Grafiken - urheberrechtlich geschützt. Jede Verwertung außerhalb der Grenzen des Urheberrechtsgesetzes bedarf der vorherigen Zustimmung des Verlags. Dies gilt insbesondere auch für auszugsweise Nachdrucke, fotomechanische Vervielfältigungen (Fotokopie/Mikroskopie), Übersetzungen, Auswertungen durch Datenbanken oder ähnliche Einrichtungen und die Einspeicherung und Verarbeitung in elektronischen Systemen.